BEI GRIN MACHT SICH IHR WISSEN BEZAHLT

- Wir veröffentlichen Ihre Hausarbeit,
  Bachelor- und Masterarbeit

- Ihr eigenes eBook und Buch -
  weltweit in allen wichtigen Shops

- Verdienen Sie an jedem Verkauf

Jetzt bei www.GRIN.com hochladen
und kostenlos publizieren

Hans-Jürgen Borchardt

Acht Tipps für kleine Etats

Mit wenig Geld viel erreichen

GRIN Verlag

Bibliografische Information der Deutschen Nationalbibliothek:

Die Deutsche Bibliothek verzeichnet diese Publikation in der Deutschen National-
bibliografie; detaillierte bibliografische Daten sind im Internet über http://dnb.d-
nb.de/ abrufbar.

Impressum:

Copyright © 2010 GRIN Verlag, Open Publishing GmbH
Druck und Bindung: Books on Demand GmbH, Norderstedt Germany
ISBN: 978-3-656-46892-9

Dieses Buch bei GRIN:

http://www.grin.com/de/e-book/162270/acht-tipps-fuer-kleine-etats

8 Tipps für kleine Etats (Mit wenig Geld viel bewirken)

Sie haben ein kleineres Unternehmen und möchten die Nachfrage nach Ihren Produkten/Leistungen steigern? Sie würden gerne mehr tun, aber Sie glauben das Geld reicht nicht?

Dieses Problem beschäftigt viele Unternehmer und weil sie keine Marketingprofis sind, kennen sie meistens auch keine Lösung. Hinzu kommt, dass sie aufgrund ihrer Unkenntnis falsche Entscheidungen treffen und so ihren kleinen Etat falsch einsetzen. Deshalb hier einige Tipps, wie man mit wenig Geld mehr erreichen kann.

Um einen Etat effizient einzusetzen, gibt es viele Möglichkeiten, z. B.:

1. Die vorhandenen finanziellen Mittel so einsetzen, dass (deutlich) mehr erreicht wird.
2. Sich mit Kooperationspartnern verbinden.
3. Durch außergewöhnliche Maßnahmen auffallen, damit durch nachfolgende Aktivitäten die Wirkung vervielfacht wird.
4. Die Information so gestalten, dass Nachfrage ausgelöst wird.
5. Die richtigen Zielgruppen/Zielpersonen ansprechen.
6. Die Informationen geplant und gezielt verbreiten
7. Die Kunden als Empfehler gewinnen
8. Sonstige Aktivitäten

Zu 1.
Die vorhandenen finanziellen Mittel so einsetzen, dass (deutlich) mehr erreicht wird

Die meisten Unternehmer denken in absoluten Zahlen und nicht in Kosten pro Kontakt. Das ist ein Kardinalfehler.

Beispiel: Ein Vertreter überredet einen Unternehmer, eine Anzeige in einem Informationskasten einer Gartenkolonie zu schalten. Der Vertreter überzeugt mit dem Argument, dass diese Anzeige nur 300,00 EURO kostet und für drei Jahre in dem Informationskasten dieses Vereins bleibt. Er argumentiert: " Das ist eine einmalige Chance. Diese Anzeige kostet für ein ganzes Jahr nur 100,00 EURO. "Billiger bekommen sie nie wieder eine Anzeige für ein ganzes Jahr."

Das Argument ist im Prinzip richtig, aber diese Maßnahme wäre für den Unternehmer eine totale Fehlinvestition. Der Schrebergartenverein hat 50 Mitglieder. Der Informationskasten steht natürlich im Gelände des Vereins, d. h., dieser Kasten kann nur von den Mitgliedern und einigen Besuchern eingesehen werden. Aus diesen Fakten ergeben sich folgende Konsequenzen:

- Es kann nur ein allgemeiner Text geschaltet werden, weil die dreijährige Standzeit sich nicht für ein aktuelles Angebot eignet. Somit kann die Anzeige auch keine konkrete Nachfrage auslösen.
- Es darf angenommen werden, dass die Mitglieder dieses Vereins den Betrieb kennen. Er ist also innerhalb dieses Personenkreises bereits bekannt.
- Die Kosten pro möglichen Interessenten sind exorbitant hoch. Über diesen Informationskasten des Vereins werden 50 Vereinsmitglieder und deren

Familien, sowie vielleicht 200 bis 300 Besucher erreicht. Von diesen 200 bis 300 Besuchern, werden vielleicht 100 Besucher diese Anzeige bewusst lesen. Es darf weiter angenommen werden, dass von diesen 100 Besuchern weitere 50 Personen das Unternehmen bereits kennen und somit nur 50 Erst- bzw. Neukontakte zu möglichen Interessenten entstehen. Das Ergebnis: Jeder Neukontakt zu einem möglichen Interessenten kostet **6,00 EURO.**

- **Fazit: Absolut falsche Maßnahme.**

Wenn stattdessen der Firmenwagen mit selbstklebenden Folien (rückstandsfrei wieder abzulösen) beklebt würde, könnten dort attraktive Sonderaktionen - angebote vorstellt werden, die konkrete Nachfrage auslösen. Für das gleiche Geld kann man 1 Jahr lang pro Quartal 1x die Folien wechseln und -je nach Einzugsbereich- tausendfach neue Kunden ansprechen.

Anders formuliert, je nachdem ob Ihr Betrieb in einer ländlichen Region oder in einer Großstadt ansässig ist, erreichen Sie in einem Jahre mit dem Firmenwagen zwischen ein paar tausend bis zu zig tausend neue Kontakte zu möglichen Interessenten in einem Jahr für das gleiche Geld. Damit liegen die Kosten etwa zwischen **1,5 bis 6 Cent** pro Neukontakt*. **Und:** Sie schaffen konkrete Nachfrage, weil Sie auf den Folien attraktive und zeitlich begrenzte Angebote vorstellen können.

*(Diese Rechnung ist angenommen. Je nach Region und Bevölkerungsdichte können die Werte schlechter oder besser sein. Das ist aber gar nicht wichtig. Entscheidend ist, dass Sie erkennen, dass die Kosten je Erst-bzw. Neukontakt gewaltige Unterschiede aufweisen. Deshalb ist es sinnvoll, wenn Sie sich nicht an der Gesamtsumme einer Anzeige/Maßnahme orientieren, sondern sich zuerst immer fragen, was kostet mich etwa jeder Neu-Kontakt zu möglichen Interessenten?)

Zu 2.
Sich mit Kooperationspartnern verbinden
Kooperationspartner können sowohl aus der gleichen als auch aus völlig anderen Branchen kommen. Man ergänzt das eigene Angebot durch die Leistungen seines oder seiner Kooperationspartner, ohne die eigenen Kunden zu verlieren. Im Gegenzug gewinnt man Kunden durch die Empfehlung der Partner. Wenn Kooperationspartner offen oder verdeckt* für einander werben, treten sie als Empfehler für den Partnerbetrieb auf. Damit hat der empfohlene Betrieb einen Vertrauensvorschuss, weil das Good-will des eigenen Betriebes auf den Partnerbetrieb übertragen wird.

Wichtig bei derartigen Maßnahmen ist, dass zwischen den Partner eindeutig abgesprochen wird, wo und mit welchen Aussagen füreinander geworben wird, damit das Gleichgewicht der Aktivitäten untereinander sicher gestellt ist.

Beispiel: Unter jedem Angebot wird eine Empfehlung für den Partner ausgesprochen, wobei der Text für beide vorher konkret festgelegt wird. Oder: In dem eigenen Internetauftritt wird ein Link zum Partner oder ein Empfehlungstext aufgenommen.

Zu 3.

Durch außergewöhnliche Maßnahmen auffallen, damit durch nachfolgende Aktivitäten die Wirkung vervielfacht wird

Wenn hier über außergewöhnliche Maßnahmen geschrieben wird, ist nicht nur die Werbung gemeint, sondern auch Aktivitäten, die das Interesse der möglichen Kunden und Medien auf den Betrieb lenken. Wenn, wie z. B. ein erfolgreicher Betrieb in Karlsruhe sagt: „Wir garantieren absolute Einhaltung unserer Arbeitstermine. Verspäten wir uns um mehr als 15 Min., arbeiten wir 1 Std. umsonst für sie."

Denken Sie immer daran, dass auf Bildern, wo viele gleichfarbige Äpfel, Eier, Tomaten etc. abgebildet sind, keiner auffällt. Nur wenn in dieser Menge 1 Exemplar ist (völlig) andersfarbig dargestellt wird beherrscht es das gesamte Bild.

Ergo: Je weniger finanzielle Mittel zur Verfügung stehen, desto größer ist der Zwang, sich anders als andere zu präsentieren, damit die eigenen Maßnahmen entsprechend auffallen. Ziel der Differenzierung muss sein, das Interesse der Medien zu wecken, damit diese über das Angebot, die Werbung berichten. Dann haben Sie „Werbung" für umsonst.

Zu 4.

Die Information so gestalten, dass Nachfrage ausgelöst wird

Eine große Anzahl von Unternehmern glaubt, dass es ausreichend ist, wenn man seinen Betrieb namentlich vorstellt und das mit einer kurzen allgemeinen Aussage verbindet. Das machen fast alle. Wer seine Werbung so gestaltet, macht folgenden Kardinalfehler: Er sagt nicht, was seinen Betrieb auszeichnet, was ihn von seinen Wettbewerbern unterscheidet.

Wenn auf dem Firmenwagen und/oder an der Hauswand steht:
Schreinerei Müller, Meister-Str. 9, Telefon-Nr. und Internetadresse,
ist das keine Werbung, sondern eine Namens- und Adressangabe. Werbung hat die Aufgabe, Nachfrage zu schaffen. Ein Name und eine Adresse ist eine Vorstellung aber keine Werbung. Werbung ist, wenn an der gleichen Stelle stehen würde:

Wir machen alles für Sie! Aus Holz! Schreinerei Müller.
Oder, wenn eine Computerfirma sagt:
Für Sie können wir alles, außer Fachchinesisch.
Oder, wenn ein Marketingberater sagt:
Wir gewinnen Kunden für Sie. Etc.

Zu 5.

Die richtigen Zielgruppen/Zielpersonen ansprechen

Lebensmittelhändler, Schuhgeschäfte, Bäcker etc. haben es einfach, weil sie jeden ansprechen können, wenn sie sich nicht spezialisiert haben. Die meisten Unternehmer sprechen aber nicht die Allgemeinheit an, sondern mehr oder weniger klar zu definierende Zielgruppen bzw. Zielpersonen. Z. B. Hausbesitzer mit Kindern, Senioren- Hausbesitzer, Altbau-Hausbesitzer, Bauherren etc.

Natürlich kann man viele Personen dieser Zielgruppen über die Zeitung, das Internet und andere Werbeträger erreichen, aber wenn die Werbeträger nicht selektiert werden, wird viel Geld für die Ansprache von Personen ausgegeben, die man gar nicht erreichen will. Deshalb ist es zwingend notwendig, intensiv darüber nachzudenken, über welche Werbeträger, über welche Wege, mit welchen Aktionen man seine Zielpersonen zu den günstigsten Konditionen erreicht. Sie müssen von den Anbietern der Medien konkrete Zahlen und Informationen über die Verbreitung und Reichweite des Werbeträgers verlangen, damit Sie die Kosten pro Kontakt der Zielpersonen die sie erreichen wollen, errechnen können.

Zu 6.
Die Informationen geplant und gezielt verbreiten
Kleinunternehmer und damit auch die Mehrzahl der Handwerkerbetriebe sind eigentlich immer nur regional tätig. Daher müssen sie sich bei der Gewinnung neuer Kunden auf ihr Einzugsgebiet konzentrieren.

Es gibt aber selten oder nie Werbeträger, die exakt das Einzugsgebiet abdecken. Deshalb ist es zwingend notwendig, sein Einzugsgebiet genau zu bestimmen und mit der Reichweite (Abdeckung) des Werbeträgers im Zielgebiet abzugleichen, damit Sie wissen, wie viel % der Zielgruppe nicht erreicht werden oder wie viel % der Informationen Personen erreichen, die außerhalb des Einzugsgebietes sind.

Dieses Problem ist leicht zu lösen, weil fast alle Werbeträger detailliertes Material über ihr Verbreitungsgebiet und ihre Empfängerschaft besitzen. Bevor Sie also eine Entscheidung treffen, lassen Sie sich diese Daten und Unterlagen geben, damit umfassend informiert sind.

Zu 7.
Die Kunden als Empfehler gewinnen
Eine vielfach missachtete Möglichkeit ist es, die eigenen Kunden als Empfehler zu gewinnen. Warum sollte ein Kunde aber einen Betrieb empfehlen, wenn er noch nicht mal ein Wort des Dankes hört? Überlegen Sie mal, was Sie alles machen können, um Ihre Kunden zu Empfehlern zu machen bzw. wie Sie sich für Empfehlungen bedanken können. Hier liegt ein großes Potential brach, das von vielen Handwerksbetrieben nicht genutzt wird.

Noch ein Denkanstoß: Denken Sie mal darüber nach, wie teuer es ist, via Werbung einen neuen Kunden zu gewinnen. Und jetzt vergleichen Sie Aufwand und Kosten, die Ihnen entstehen, wenn Sie einen Kunden durch Empfehlung gewinnen. Und noch etwas, Kunden die auf Grund von Empfehlungen zu Ihnen kommen, glauben den Empfehlern, dass Sie gute Arbeit leisten, Termine einhalten, ein gutes Preis-Leistungsverhältnis liefern und, und, und.

Deshalb denken Sie darüber nach, wie Sie Ihre Kunden zu Empfehlern machen können. Es gibt viele Möglichkeiten, Kunden zu Empfehlern zu machen, insbesondere dann, wenn sie für ihre Empfehlungen belohnt werden.

Zu 8.
Sonstige Aktivitäten
Unverzichtbar ist das Internet. Leider nutzen viele Unternehmer die vorhandenen Möglichkeiten nur unzureichend. Die meisten konzentrieren sich auf ihre Internetseiten und vernachlässigen die anderen Informationswege im Internet, die sie zu neuen Kunden führen können. Im Einzelnen:

- Das kostenlose Einstellen von PR- Berichten in Portalen wie www.open-pr.de, www.pressemitteilung.ws, www.firmenpresse.de etc. (Das bringt aber nur etwas, wenn Sie wirklich über etwas Neues oder interessantes berichten können.)
- Das kostenlose Einstellen des eigenen Angebots z. B. bei www.bonx.de
- Der Einsatz von Angebotsportalen wie bspw. www.myhammer.de, www.quotatis.de etc. für Dienstleister und Handwerker. Auch diese Portale sind entweder kostenlos, sehr günstig oder müssen nur bei Erfolg bezahlt werden.
- Eigene Newsletter sind ebenfalls ein geeignetes Mittel, Interessenten und Kunden permanent mit neuen Informationen und Angeboten zu beliefern.
- Eine sehr effiziente Form im Internet zu werben, bietet Google mit Google AdWords. Die Vorteile dieses Angebots sind mehrfach, z. B.:

Man kann genau bestimmen, wie viel Geld man pro Tag oder pro Monat für seine Werbung (Text-, Image- Videoanzeige) ausgeben will, weil die Kosten pro Klick oder pro 1000 Impressionen berechnet werden. Diese Werbung ist sehr effizient weil sie exakt auf die Zielgruppe ausgerichtet werden kann. Sie erscheint nur, wenn jemand die hinterlegten keywords bei Google sucht.

(Wichtig dabei ist, dass man alles selber machen kann. Das "Google-Adwords-Learning-Center" beschreibt sehr ausführlich und verständlich, was man wie tun muss, um seine Werbung im Internet optimal zu gestalten.)

- Und: Sammeln Sie mit Nachdruck die e-Mail Adressen von Kunden, Interessenten und Besuchern, damit Sie diese gezielt bewerben können.

Eine weitere Möglichkeit, die kostenfrei genutzt werden kann, sind die Informationstafeln in vielen Geschäften, insbesondere den größeren Lebensmittelgeschäften. Hier können Sie Ihr Angebot -durch Auswahl der Geschäfte- gezielt platzieren.

Ein wichtiges Medium ist die eigene Außenwerbung, insbesondere dann, wenn Ihr Geschäft an einer verkehrsreichen Straße liegt. Auch wenn die Erstgestaltung etwas teurer ist, auf Dauer ist diese stationäre Werbung ausgesprochen preiswert.

Weitere Möglichkeiten Nachfrage schnell zu generieren, sind zeitlich begrenzte Probe- und Kennenlern-Angebote und Tage der offenen Tür.

Was noch unbedingt zur Optimierung gehört:
Ganz wichtig ist, dass Sie permanent "Erfolgskontrolle" betreiben. Fragen Sie neue Interessenten immer, welche Argumentation, welcher Werbeträger (Internet, Zeitung, Empfehler etc.) bzw. welches Werbemittel (Brief, Link, Anzeige etc.) sie veranlasst haben, dass sie sich für Ihren Betrieb entschieden haben. Sie erhalten dann konkrete Aussagen über die Werbeträger, die Werbemittel und die Argumente. Mit diesen Informationen können Sie dann Schritt für Schritt Ihre Werbeaktivitäten verbessern.

Zum Schluss, ein Denkanstoß
In einem Vorort von New York wurde an einer der Haupt-Einfallstraßen zur City eine neue Wohnsiedlung errichtet. Wie üblich, war direkt an der rechten Seite

der Straße, die in die City führte, für die Autofahrer eine große Werbefläche aufgestellt worden. Statt des üblichen Standardtextes:
„Hier werden Eigentumswohnungen mit 2- 3- und 4-Zimmern gebaut."
einschließlich der Aufführung der wichtigsten Konditionen und Beschreibungen, stand auf dieser Werbefläche nur folgender Text:

"Wenn Sie hier eine Wohnung hätten, müssten Sie erst jetzt losfahren."

Wenn die Autofahrer/Pendler abends wieder nach Hause fuhren, stand auf einem Schild auf der anderen Straßenseite der Text:

"Wenn Sie hier eine Wohnung hätten, wären Sie jetzt zu Hause."

Es wird gesagt, dass die Firma die gesamte Nachfrage nur über diese zwei Schilder aufgebaut und keinerlei sonstige Werbung für den Verkauf Ihrer Wohnungen betrieben habe.

Dieses Beispiel zeigt, dass es nicht darauf ankommt, den Firmennamen groß herauszustellen. Viel wichtiger ist es, die Texte so zu formulieren, dass die Interessenten so angesprochen werden, dass ihre Wünsche geweckt werden oder sie das Gefühl haben, dass ihnen die Lösung eines Problems bzw. die Erfüllung eines Wunsches geboten wird.

Fazit
Nutzen Sie die vielfältigen Möglichkeiten, die sich Ihnen bieten. Investieren Sie gezielt Ihre Zeit, um über Ihre "Investitionen in Nachfrage" nachzudenken. Und: Bevor Sie Geld für klassische Werbung ausgeben, denken Sie über die Möglichkeiten nach, die kein oder nur sehr wenig Geld kosten. Es lohnt sich.

Hans-Jürgen Borchardt
November 2009